Nele und die Flaschenfee

Alle Bände **Zu zweit leichter lesen lernen** auf einen Blick:

Maja von Vogel: Nele und die Flaschenfee (Band 1)

Marianne Schröder: Karo und die kleine Ziege (Band 2)

Christian Tielmann: Die Piraten vom Dach (Band 3)

Julia Boehme: Conni auf dem Reiterhof (Band 4)

Zu zweit leichter lesen lernen

Von Maja von Vogel
Mit Bildern von Franziska Harvey

CARLSEN

Zu zweit leichter lesen lernen

Wie das funktioniert?

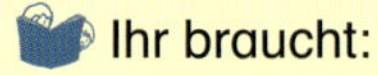 Ihr braucht:

- einen, der schon besser lesen kann,
  (eine Mutter, einen Opa, eine große Schwester
  oder so was Ähnliches),
- einen Leseanfänger
- und dieses Buch hier – über Nele und ihre Flaschenfee.

Ihr legt das Buch zwischen euch … und los geht's!

Der geübte Leser liest die längeren Texte auf der linken Seite,
der Anfänger liest die kurzen Texte auf der rechten Seite.
Oder erst mal nur die hellblauen Wörter. Zum Einsteigen.

Die gepunktete Linie ·········▸ zeigt euch die Leserichtung.
Mitten durch Neles Abenteuer.

Und wenn ihr fertig seid, könnt ihr euch Neles Geschichte
noch mal gegenseitig erzählen. Die Bilder vorne und hinten im
Buch helfen euch dabei.

Jetzt viel Spaß beim Lesen zu zweit!

Inhalt

Erstes Kapitel,

in dem Nele eine alte Flasche mit einem Geheimnis findet

Nele hätte die Flasche nie gefunden, wenn sie sich nicht mit ihrer besten Freundin Pia gestritten hätte. Dann wäre sie wie jedes Jahr am ersten Samstag im Juni zu Pias Geburtstagsfeier in den Nachbargarten gegangen. Sie hätte Schokoladentorte gegessen, Topfschlagen gespielt und vor dem Nachhausegehen ein kleines Geschenk von Pias Mutter bekommen. Doch ausgerechnet am Tag vor der Geburtstagsfeier hatten Nele und Pia einen schlimmen Streit. Deshalb ging Nele am ersten Samstag im Juni nicht in den Nachbargarten. Stattdessen saß sie missmutig zu Hause am Küchentisch und starrte Löcher in die Luft.

„Wollen wir einen Ausflug zum Badesee machen?“, fragte Mama.

Nele schüttelte den Kopf.
„Keine Lust."
Mama seufzte.
„Es ist so schönes Wetter heute.
Willst du etwa
den ganzen Nachmittag
im Haus hocken?"

Ja, genau das wollte Nele. Aber Mama ließ sie nicht. „Komm wenigstens mit in den Garten", sagte sie. „Du kannst mir beim Unkrautjäten helfen."
Bevor Nele widersprechen konnte, hatte Mama sie vom Stuhl gezogen und aus der Küche geschoben. Draußen schien die Sonne und die Vögel zwitscherten. Aus dem Nachbargarten waren Stimmen zu hören.
Nele spitzte die Ohren. Pia begrüßte gerade die ersten Geburtstagsgäste. Gleich würden sich alle an den runden Tisch auf der Terrasse setzen, der bestimmt schon festlich gedeckt war. Pias Mutter würde die Torte anschneiden, und alle würden sich mit Kuchen, Gummibärchen und Schokoküssen vollstopfen.
„Hier, du kannst dort drüben anfangen." Mama drückte Nele eine Schaufel in die Hand. Sie zeigte auf die hinterste Ecke des Gartens, direkt an der Hecke.
Nele seufzte und trabte los. Hinter der Hecke wurde geredet und gelacht. Es klang, als hätten Pia und ihre Gäste jede Menge Spaß. Missmutig betrachtete Nele das Beet, in dem das Unkraut kniehoch wucherte.
Sie rammte die Schaufel in die Erde.

Der Boden war locker
und Nele kam gut voran.
Nach einer Weile
wurde ihr richtig warm.
Sie machte eine kurze Pause
und wischte sich den Schweiß
von der Stirn.

Dann spähte sie durch die Hecke. Pias Mutter verteilte gerade die Tortenstücke, während Pia ihre Geschenke auspackte.
Sie trug ihr neues Kleid mit der rosafarbenen Schleife und bedankte sich überschwänglich für ein Schmink-Set, das sie von Babette und Theresa bekommen hatte. Die beiden gingen in dieselbe Klasse wie Pia und Nele und wollten später Models werden.
Dann war nur noch gefräßiges Schweigen zu hören.
Nele biss die Zähne zusammen und grub weiter.
In diesem Moment passierte es. Nele stieß mit der Schaufel auf etwas Hartes.
Erst dachte sie, sie hätte einen Stein getroffen.
Oder war es vielleicht ein Schatz? Manchmal fanden Leute alte Goldmünzen in ihrem Garten.
Dann waren sie reich und kamen in die Zeitung.
Neles Herz schlug schneller. Pia würde grün vor Neid werden, wenn sie Neles Bild in der Zeitung sah.

Nele legte die Schaufel zur Seite
und grub mit den Händen weiter.
Ganz vorsichtig.
Da ertasteten ihre Finger
etwas Kühles und Glattes.

„Nanu, was ist denn das?“ Nele zog einen länglichen Gegenstand aus der Erde. Es war keine Schatzkiste.
Und es waren leider auch keine Goldmünzen.
Nele seufzte. „Schade, nur eine alte Flasche.“
Die Flasche war schmutzig. Offenbar hatte sie lange unter der Erde gelegen.
„Am besten, ich werfe sie gleich in den Müll“, beschloss Nele.
Doch dann fiel ihr die Form auf. Sie war ziemlich ungewöhnlich. Unten bauchig und dick, der Flaschenhals dagegen lang und schmal. Er war mit einem Korken verschlossen.
„Ich könnte sie auswaschen und als Blumenvase benutzen“, überlegte Nele.
Behutsam wischte sie den Dreck von der Flasche. Darunter schimmerte grünes Glas.

Plötzlich stutzte Nele.

Da war etwas!

Nele versuchte zu erkennen, was sich in der Flasche befand, aber das Glas war zu dick und zu dunkel. Sie schüttelte die Flasche ein bisschen. Es klapperte. Neles Mund wurde trocken vor Aufregung. Und wenn sie doch einen Schatz gefunden hatte? Einen Schatz, der in einer alten Flasche steckte? Kleine, schimmernde Perlen oder bunte Edelsteine …
Nele wollte den Korken aus der Flasche ziehen, doch das war gar nicht so leicht. Er saß bombenfest. Sie probierte es erst mit den Fingernägeln, dann mit den Zähnen.
Endlich begann der Korken, sich zu bewegen. Ganz langsam … Auf einmal machte es Plopp! und er flutschte heraus. Nele drehte die Flasche um und hielt erwartungsvoll die Hand auf.

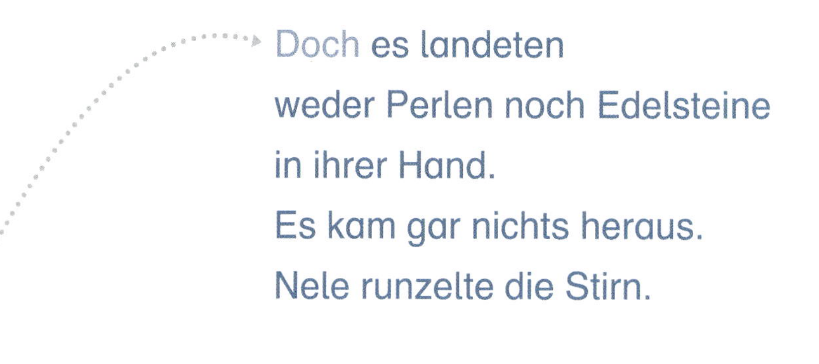

Doch es landeten
weder Perlen noch Edelsteine
in ihrer Hand.
Es kam gar nichts heraus.
Nele runzelte die Stirn.

Sie hielt sich die Flasche vors Gesicht und spähte mit einem Auge hinein. Plötzlich zischte ein grüner Blitz durch den Flaschenhals direkt auf Nele zu.

„Igitt! Ein ekliger Riesenkäfer!“ Vor Schreck landete Nele auf dem Po. Sie hasste alles, was krabbelte und brummte.

Der Riesenkäfer surrte einmal um Neles Kopf herum. Dann ließ er sich auf ihrem Knie nieder.

„Mama!“, krächzte Nele. „Hilfe!“ Aber Mama hörte sie nicht.

Da ertönte ein helles Stimmchen. Es klang ziemlich ärgerlich. „Ich bin kein Käfer, du Dussel! Ist das klar?“

Nele sah genauer hin. Auf ihrem Knie saß ein kleines Wesen mit grünen Haaren, die in alle Richtungen abstanden. Es trug ein tannengrünes Kleid, winzige flaschengrüne Schuhe und hatte zwei hellgrüne Flügel auf dem Rücken.

„W...w...wer bist du denn?“, stammelte Nele.

Das Wesen reckte sich stolz. „Ich bin Fiorella, die Flaschenfee. Und du hast mich soeben befreit. Jetzt darfst du dir was wünschen.“

Fiorella zog
einen Zauberstab hervor.
Er sah aus wie ein Zweig,
der mit Moos bewachsen war.
„Was ist? Kann's losgehen?“

Zweites Kapitel,

in dem Nele merkt, dass Wünschen gar nicht so leicht ist

Nele starrte das merkwürdige Wesen an. Sie überlegte, ob sie vielleicht eingeschlafen war und alles nur träumte. „Es gibt keine Feen“, sagte sie. „Höchstens im Märchen.“
Das Wesen stemmte die Hände in die Hüften. „Potzblitz! Sehe ich etwa aus, als würde es mich nicht geben?“ Es trippelte über Neles Bein und pikte ihr mit seinem Zauberstab in den Bauch.
„Aua!“ Nele verzog das Gesicht.
Die Flaschenfee grinste. „Glaubst du jetzt, dass es mich gibt?“
Nele war immer noch nicht ganz überzeugt. „Und du bist wirklich eine echte Fee?“
„Natürlich!“ Fiorellas Flügel begannen leise zu surren, und sie hob ab. „Dummerweise war ich die letzten fünfhundert Jahre in dieser blöden Flasche eingesperrt. Du kannst dir gar nicht vorstellen, wie herrlich es ist, endlich wieder fliegen zu können!“

Sie schoss durch die Luft
und machte ein paar Saltos.
Ihre grünen Haare
flatterten im Wind.

Nele staunte. „Warum warst du in der Flasche eingesperrt?“, fragte sie, als Fiorella wieder auf ihrem Knie gelandet war.
„Ach, das ist eine lange Geschichte …“ Die Fee kratzte sich mit ihrem Zauberstab hinter dem Ohr.
Nele ließ nicht locker. „Hast du was angestellt?“
„Na ja … nicht direkt …“ Fiorella wurde rot. „Wenn du’s genau wissen willst: Ich bin einer Hexe in die Quere gekommen.“
Nele riss die Augen auf. „Einer Hexe? Ich dachte, die gibt’s auch nur im Märchen!“
Fiorella zuckte mit den Schultern. „Wie das heute ist, weiß ich nicht. Aber vor fünfhundert Jahren gab es jede Menge Hexen. Und einer von ihnen hab ich einen klitzekleinen Streich gespielt.“ Sie kicherte. „Ich hab ihrem schwarzen Kater knallrotes Fell gezaubert. Das blöde Vieh hat ständig versucht, mich zu jagen. Aber mit dem roten Fell hatte es keine Chance mehr. Ich hab es schon aus zwanzig Metern Entfernung gesehen.“

Nele war sich nicht sicher,
ob sie diese Geschichte
wirklich glauben sollte.
Ein Kater mit rotem Fell?
Das klang ziemlich verrückt.

Andererseits war eine grünhaarige Flaschenfee auch nicht gerade normal. „Und was ist dann passiert?“, fragte sie.
Fiorella seufzte. „Die Hexe war stinksauer – vor allem, weil es zauberfeste Farbe war, die sich nicht wieder zurückhexen ließ. Sie hat mich in diese Flasche gesperrt und vergraben.“
„Warum hast du dich nicht einfach weggezaubert?“, fragte Nele.
Fiorella machte ein bekümmertes Gesicht. „Die Flasche war feensicher verhext“, erklärte sie. „Ich musste warten, bis jemand sie findet und mich befreit. Was für ein Glück, dass du mich heute gerettet hast!“ Die Fee stutzte. „Sag mal, wie heißt du eigentlich?“
„Ich bin Nele“, sagte Nele.
Die kleine Fee strahlte. „Freut mich, deine Bekanntschaft zu machen!“ Sie fuchtelte mit ihrem Zauberstab herum. „Und jetzt musst du dir endlich etwas wünschen. Das ist so üblich, wenn man eine Flaschenfee befreit. Du hast drei Wünschc frci.“
„Ehrlich?“ Nele runzelte die Stirn. Sie wusste nicht, ob sie dieser Fee vertrauen konnte. Vielleicht wollte sie Nele nur auf den Arm nehmen. „Du meinst, ich kann mir einfach irgendetwas wünschen?“

Fiorella nickte.
„Alles, was du willst.“
Sie hielt ihren Zauberstab bereit
und sah Nele an.

Nele schoss ein Wunsch nach dem anderen durch den Kopf:

- ein kleiner Hund
- blonde Locken, so wie Pia sie hatte
- das große Barbie-Traumhaus.

Oder doch lieber ein echtes Pony? In diesem Moment wehte fröhliches Lachen aus dem Nachbargarten herüber. Ob Pia und ihre Gäste schon Topfschlagen spielten? Nele reckte den Hals. Leider konnte sie nichts sehen.
„Ich hab's!", rief Nele. „Ich wäre gerne so groß wie ein Riese! Dann könnte ich über die Hecke schauen und allen Leuten auf den Kopf spucken."
Sie kicherte. So einen verrückten Wunsch konnte die Fee bestimmt nicht erfüllen. Aber Fiorella verzog keine Miene. Sie richtete ihren Zauberstab auf Nele und murmelte:

„Flaschengrün und Sägemehl,
dein erster Wunsch sei mir Befehl.
Ein Riese wirst du fortan sein,
erst wächst der Arm und dann das Bein!"

Fiorellas Zauberstab zuckte und begann, grüne Funken zu sprühen. Es sah aus wie ein Tischfeuerwerk an Silvester.

Im selben Moment
spürte Nele ein Kribbeln
in Armen und Beinen,
als wären sie eingeschlafen.
Sie schoss in die Höhe.

Nele versuchte zu schreien, aber aus ihrer Kehle kam kein Laut. Was hatte diese verrückte Fee nur angestellt? Der Zauber war offenbar gründlich schiefgegangen.
Nele kniff die Augen zusammen und wartete darauf, dass sie wie ein Stein zu Boden fiel. Wahrscheinlich würde sie sich alle Knochen brechen. Aber nichts geschah.
Nach einer Weile blinzelte Nele. Ihr Kopf befand sich direkt neben dem Schornstein. Eine Amsel flog an ihrem rechten Ohr vorbei.
Ganz weit unten konnte Nele ihre Arme und ihre Hände erkennen. Und noch weiter unten, so weit weg, dass sie schon fast nicht mehr zu ihr zu gehören schienen, standen ihre Füße mitten im Gemüsebeet.

Nele wurde blass.
Sie war wirklich so groß
wie ein Riese!

Drittes Kapitel,

in dem Nele ihren Wunsch verwünscht

Nele wurde schwindelig und sie hielt sich schnell an der Dachrinne fest. Sie konnte den gesamten Garten überblicken. Ganz hinten hockte Mama im Rosenbeet. Zum Glück war sie so mit dem Unkraut beschäftigt, dass sie nicht aufsah. Nele konnte auch in die Nachbargärten gucken. Nebenan spielten Pia und ihre Geburtstagsgäste tatsächlich gerade Topfschlagen. Babette und Theresa trugen beide bunte Sommerkleider und hatten sich Blumen ins Haar gesteckt. Pia sah in ihrem Rüschenkleid wie eine Prinzessin aus. Nele hätte ihr ohne Probleme auf die blonden Locken spucken können.

Aber sie wollte kein Aufsehen erregen, darum ließ sie es bleiben. Stattdessen musterte sie verwundert ihre Hände, die so groß wie Spatenschaufeln waren. „Das … das darf doch nicht wahr sein!“, flüsterte Nele.

„Was denn?“
Fiorella ließ sich
auf dem Schornstein nieder.
„Gefällt dir die Aussicht nicht?
Oder wärst du gerne
noch größer?“

Nele schüttelte den Kopf. „Auf keinen Fall!“
Sie umklammerte immer noch krampfhaft die Dachrinne.
„Na, dann ist doch alles in Ordnung.“ Fiorella machte ein zufriedenes Gesicht.
„Nichts ist in Ordnung!“, rief Nele. „Meine Eltern drehen durch, wenn sie mich so sehen. Außerdem passe ich ja gar nicht mehr ins Haus. Wo soll ich denn schlafen? Und was soll ich essen?“ Nele warf einen sehnsüchtigen Blick durch das Dachfenster in ihr Zimmer. Es sah aus wie eine Puppenstube.
Nele traten Tränen in die Augen. „Ich will kein Riese sein!“, schluchzte sie. „Das war ein dummer Wunsch.“
„Kein Problem“, sagte Fiorella. „Du hast ja noch zwei Wünsche frei.“
Nele wischte sich die Tränen von der Wange und holte tief Luft.

„Ich wünsche mir,
dass ich kein Riese mehr bin.
Ich will so klein sein
wie vorher.“

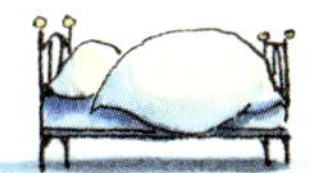

Wieder spürte Nele das merkwürdige Kribbeln. Dann kam der Boden so schnell näher, dass ihr Magen nach oben gedrückt wurde wie in einem superschnellen Fahrstuhl. Nele wurde schlecht. Sie stieß einen Schrei aus, schwankte und landete – pardauz – in der Hecke.

Mamas Stimme ertönte aus dem Rosenbeet: „Alles in Ordnung, Nele?“

Nele krabbelte aus dem Gestrüpp und betrachtete erst ihre Hände, dann ihre Füße. Sie waren wieder so groß (oder so klein), wie es sich für ein Mädchen ihres Alters gehörte. Und alles an ihr war heil geblieben.

„Mir geht's gut!",
antwortete Nele schnell.
„Ich … ich hab nur …
einen Schreck gekriegt,
weil mir gerade ein Regenwurm
über die Hand gekrochen ist."

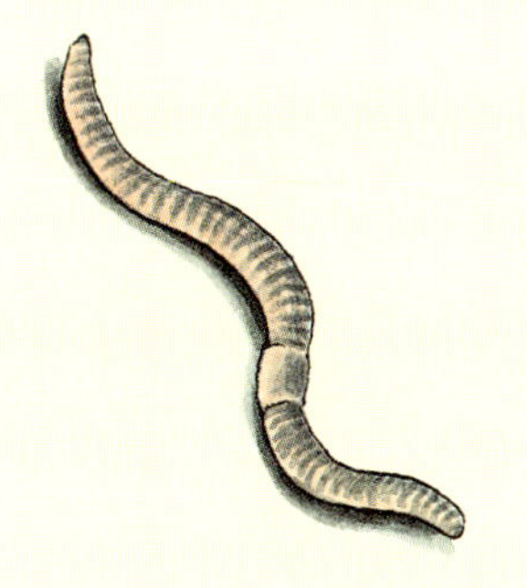

Da ertönte ein Kichern aus dem Nachbargarten. Nele zuckte zusammen. Sie bog die Zweige der Hecke zur Seite – und sah direkt in Pias grinsendes Gesicht.
„Hast du etwa Angst vor Regenwürmern?“, fragte Pia spöttisch.
Nele starrte sie finster an. „Lass mich in Ruhe.“
Pia lachte. „Willst du mir gar nicht zum Geburtstag gratulieren? Das ist aber ziemlich unhöflich von dir.“
Nele schwieg. Sie wurde immer wütender.
„Wir haben übrigens eine Menge Spaß hier drüben“, fuhr Pia fort. „Mamas Schokoladentorte ist superlecker, und Topfschlagen haben wir auch schon gespielt. Ich habe gewonnen.“
„Wie schön für dich“, brummte Nele. Sie konnte kaum glauben, dass diese dumme Gans noch vor ein paar Tagen ihre beste Freundin gewesen war.

„Und nachher
verteile ich die Geschenke
an meine Gäste“,
erzählte Pia.
„Zu schade,
dass du keins bekommst.“

Nele atmete tief durch und sagte so würdevoll wie möglich: „Weißt du was, Pia? Du bist eine richtig dumme Gans. Und manchmal wünschte ich, du wärst auch in Wirklichkeit eine, dann müsste ich mich nämlich nicht mehr ständig über dich ärgern."
Ein grüner Blitz sauste herbei. Fiorella! Hellgrüne Funken sprühten aus ihrem Zauberstab, während sie leise etwas vor sich hin murmelte. Im nächsten Moment ertönte ein lauter Knall und eine giftgrüne Rauchwolke hüllte Pia ein.
Der Rauch brannte in Neles Augen und in ihrem Hals. Sie musste fürchterlich husten. Als sie wieder etwas sehen konnte, sah sie – nichts. Pia war verschwunden.
Nele blinzelte verwundert. „Nanu! Wo ist sie denn?"
Fiorella pustete die letzten Funken aus, damit sie ihren Zauberstab nicht in Brand steckten. „Wen meinst du?"
„Pia natürlich!", rief Nele ungeduldig. „Eben war sie doch noch da!"
„Wieso? Sie steht direkt vor dir", sagte Fiorella sanft.
Nele sah nach unten und riss überrascht die Augen auf.

Vor ihr,
auf der anderen Seite der Hecke,
stand eine weiße Gans.
Um den Hals
trug sie eine rosa Schleife.
„Auweia!“
Nele wurde blass.
„Ich glaube,
wir haben ein Problem.“

Viertes Kapitel,

in dem Pias Mutter genau im falschen Moment auftaucht

„Was für ein Problem?", fragte Fiorella. „Pia ist eine Gans, genau wie du es dir gewünscht hast."
Nele schüttelte den Kopf. „Nein, nein, nein!
Das hab ich nur gesagt, weil ich sauer auf Pia war. Ich wollte sie doch nicht tatsächlich in eine Gans verwandeln. Pia kann zwar manchmal richtig fies sein, aber immerhin war sie früher meine beste Freundin."
Nele betrachtete verzweifelt die Gans, die ihre Unterhaltung aufmerksam verfolgte. Sie war ein hübsches Tier mit schneeweißen Federn, blauen Knopfaugen und einem langen, schlanken Hals. Jetzt begann sie, vorwurfsvoll zu schnattern.
„Keine Sorge, Pia. Das haben wir glcich." Nele atmete tief ein. „Ich wünsche mir, dass die Gans wieder zu Pia wird!"
Nele wartete, aber nichts passierte. „Jetzt sofort!", rief sie ungeduldig.

Keine grünen Funken,
kein Zauberspruch,
kein Qualm,
gar nichts.
Fiorella saß auf einem Zweig
und wackelte mit den Beinen.
Als würde sie
das alles nichts angehen.

Nele warf ihr einen ärgerlichen Blick zu. „Was ist los? Warum zauberst du Pia nicht zurück?"
„Weil du keinen Wunsch mehr frei hast", antwortete die kleine Fee. „Du hast deine drei Wünsche verbraucht."
Nele rechnete schnell nach. „So ein Mist!", schimpfte sie. Fiorella hatte Recht. Dann sah sie die Fee bittend an. „Kannst du Pia nicht trotzdem zurückverwandeln? Immerhin hab ich dich nach fünfhundert Jahren aus der Flasche gerettet."
Fiorella seufzte. „Das stimmt allerdings. Na gut, ich will mal nicht so sein."
Sie richtete ihren Zauberstab auf Pia und holte tief Luft, um die magischen Worte zu sprechen.
Da zerriss ein gellender Schrei die Stille.
„Pia? PIAAAA! Wo bist du?"
Die Gans zuckte zusammen, Fiorella ließ vor Schreck ihren Zauberstab fallen, und Nele stöhnte.

Pias Mutter!
Wie immer
tauchte sie
genau im falschen Moment auf.

Ehe Nele irgendetwas tun konnte, näherte sich Frau Notholt auch schon quer über den Rasen. Sie trug ein geblümtes Sommerkleid und knallrote Schuhe. Ihre sorgfältig frisierten Locken hüpften bei jedem Schritt auf ihren Schultern.
Plötzlich bogen zwei Hände mit rot lackierten Fingernägeln die Zweige der Hecke zur Seite, und das Gesicht von Pias Mutter erschien. Ihre Lippen verzogen sich zu einem Lächeln.
„Hallo, Nele", säuselte sie. „Hast du Pia gesehen? Wir wollen mit dem nächsten Spiel beginnen, aber ich kann sie nirgendwo finden."
Nele räusperte sich. „K...keine Ahnung, wo sie steckt."
„Hm." Frau Notholt runzelte die Stirn.

Als sie wieder gehen wollte,
fiel ihr Blick auf die Gans.
Sie stieß einen Schrei aus.
„Du lieber Himmel,
was ist denn das?“

„Eine Gans“, sagte Nele nervös.
Die Gans watschelte aufgeregt schnatternd auf Frau Notholt zu. Dabei trat sie aus Versehen auf Fiorellas Zauberstab, der in mehrere Stücke zerbrach.
„Potzblitz!“, schimpfte die Fee. „Mein Zauberstab ist kaputt! Was für ein Unglück!“
Aber ihr Gejammer wurde von Pia übertönt, die sich nun zeternd auf ihre Mutter stürzte.
Pias Mutter wurde blass. „H...H...Hilfe!“, kreischte sie in Richtung Haus. „Hermann! Komm schnell! Ich werde von einer Gans angegriffen!“
Dabei wollte Pia ihrer Mutter wahrscheinlich nur erklären, was geschehen war. Leider verstand Frau Notholt kein Gänsisch. Sie drehte sich auf dem Absatz um und lief mit wehendem Blümchenkleid davon – Pia hinter ihr her.

„Verflixt!“, stöhnte Nele.
Sie zwängte sich
durch die Hecke
und rannte auch los.

Fünftes Kapitel,

in dem Frau Notholts Erdbeerbeet verwüstet wird und der verrückte Herr Ottermann erscheint

Während Nele über den Rasen spurtete, sah sie, wie Pias Mutter ihrem Mann in die Arme sank. Mit zitterndem Finger zeigte sie auf die Gans. „Dieses Tier verfolgt mich. Tu doch endlich was, Hermann!“
Pia schnatterte eindringlich, aber niemand hörte ihr zu. Sie watschelte zum Kaffeetisch, wo ihre Geburtstagsgäste darauf warteten, dass das nächste Spiel begann.
„Hau ab!“, kreischte Babette und versuchte, die Gans zu verscheuchen.
„Lass mich in Ruhe!“ Theresa sprang auf einen Stuhl. Pia schnappte mit ihrem langen Schnabel nach Theresas Bein. Gestern hatte sie Nele noch lang und breit erzählt, wie toll sie Theresa fand. Offenbar war sie jetzt anderer Ansicht.
„Hilfe!“, rief Theresa. „Die Gans will mich beißen!“

Jetzt wurde es Pia zu bunt.
Sie flatterte auf den Tisch
und fauchte ihre Gäste wütend an.

Dabei trat sie aus Versehen in die Reste der Geburtstagstorte, so dass die Schokoladencreme nach allen Seiten spritzte.
„Igitt!" Babette wischte sich ein paar braune Kleckse aus dem Gesicht. Sie sah aus, als hätte sie plötzlich Sommersprossen bekommen.
„Ruf den Tierschutzverein an, Inge!", befahl Pias Vater seiner Frau. „Wahrscheinlich ist die Gans irgendwo ausgebüxt. Ich halte sie in Schach. Komm her, kleines Gänschen!", lockte er.
Doch Pia ließ sich nicht an der Nase herumführen. Als ihr Vater sie gerade packen wollte, zischte sie ihn wütend an, flatterte vom Tisch und watschelte in den Garten.
„Hinterher!", schrie Babette, und die Geburtstagsgäste nahmen die Verfolgung auf.
Nele, die vor der Terrasse stehen geblieben war, beobachtete mit offenem Mund, wie vier Mädchen mit Schokoladenflecken auf den Kleidern hinter der schnatternden Gans herliefen. Herr Notholt bildete das Schlusslicht.

Die Jagd führte kreuz und quer
über den Rasen,
zwischen den Rosen hindurch,
an der Hecke entlang
und dann
durch das Gemüsebeet.

„Nicht in die Erdbeeren!“,
rief Pias Mutter. Sie stand mit ihrem
Handy auf der Terrasse und telefonierte gerade
mit dem Tierschutzverein.
Aber die Warnung kam zu spät. Zwei Gänsefüße
und zehn Menschenfüße waren bereits durch das
Obst- und Gemüsebeet getrampelt. Von den Erdbeeren blieb nicht mehr viel übrig.
„Gleich hab ich sie!“, rief Babette. Sie streckte die
Arme aus, um sich die Gans zu schnappen, doch
Pia schlug im letzten Moment einen Haken, und
Babette landete der Länge nach auf dem Kopfsalat.

„Oje“,
jammerte Frau Notholt.
„Mein schöner Salat!“

„Gut gemacht, Pia!“, rief Nele.
Sie hörte ein leises Surren an ihrem linken Ohr, und im nächsten Moment ließ sich Fiorella auf ihrer Schulter nieder. „So was Verrücktes hab ich in den letzten fünfhundert Jahren nicht gesehen.“ Die Fee kicherte, als Theresa über ihre eigenen Füße stolperte und beinahe im Gartenteich landete.
„Das ist nicht witzig!“, schimpfte Nele. „Wir müssen Pia helfen.“
Die Gans schien allmählich müde zu werden.
Die Verfolger holten auf. Mit letzter Kraft hüpfte Pia zum Zaun und flatterte zum Nachbargrundstück auf der anderen Seite hinüber. Sie schnatterte schadenfroh.
„O nein!“, zischte Nele. „Da wohnt der verrückte Herr Ottermann.“
In diesem Moment öffnete sich quietschend die Hintertür des Nachbarhauses.

Ein Mann kam heraus.
Er war sehr groß.
Er trug eine blaue Hose
und schwere Schuhe.
Seine Glatze
glänzte in der Sonne.

Nele schauderte. Der verrückte Herr Ottermann! Alle Kinder in der Gegend hatten Angst vor ihm. Er lachte nie und jagte Nele und Pia immer weg, wenn sie auf dem Weg vor seinem Garten Ball spielten. Der Nachbar runzelte die Stirn, als er die Versammlung am Gartenzaun erblickte.
„Entschuldigen Sie die Störung, Herr Ottermann", sagte Pias Vater höflich. „Diese Gans ist vermutlich irgendwo ausgerissen." Er zeigte auf Pia. „Es wäre nett, wenn Sie sie wieder zu uns rüberscheuchen könnten. Wir haben bereits den Tierschutzverein verständigt. Gleich kommt jemand, um sic abzuholen."
Schweigend musterte Herr Ottermann die Gans. Pia trippelte nervös hin und her. Sie schien sich gar nicht wohl in ihrer Haut zu fühlen.

„Die Gans befindet sich
in meinem Garten“,
stellte Herr Ottermann fest.
„Darum gehört sie mir.“

„Wie bitte?“, fragte Pias Vater verwirrt.
„Das ist jetzt meine Gans“, wiederholte Herr Ottermann. „Sie ist zwar noch jung. Und etwas zu mager. Aber das lässt sich mit ein bisschen Futter schnell ändern.“ Er fuhr sich mit der Zunge über die Lippen.
Nele wurde eiskalt. Pia hörte auf herumzutrippeln. Und Herrn Notholt fehlten die Worte.
„Komm her, meine Hübsche.“ Mit einem Satz war Herr Ottermann beim Zaun und packte die Gans. Dann verschwand er mit ihr im Schuppen.
Kaum war die Tür hinter den beiden zugefallen, kam Pias Mutter mit zwei Männern aus dem Haus. „Das sind die Herren vom Tierschutzverein“, verkündete sie und sah sich suchend um. „Wo ist die Gans?“
Herr Notholt kratzte sich am Kopf. „Ich glaube, das Problem hat sich soeben erledigt.“
Nele war immer noch stumm vor Entsetzen. Sie spürte, wie Fiorella sanft an ihrem Ohr zupfte. „Und was machen wir jetzt?“, flüsterte die Fee.

Nele zuckte mit den Schultern.
Ganz vorsichtig,
damit Fiorella nicht herunterfiel.
„Keine Ahnung.
Ich weiß nur eins:
Wir brauchen dringend
einen Plan.“

Sechstes Kapitel,

in dem Pia nicht befreit werden will
und Fiorella eine Idee hat

Während Herr Notholt, seine Frau, die Männer vom Tierschutzverein und alle Geburtstagsgäste wild durcheinanderredeten, machten sich Nele und Fiorella unauffällig aus dem Staub. Durch eine kleine Pforte gelangten sie auf einen schmalen Weg, der zwischen den Gärten entlangführte.
Auf Zehenspitzen schlich Nele zu Herrn Ottermanns Gartenzaun. Hinter den verrosteten Eisenstangen wuchsen hohe Sträucher und jede Menge Unkraut. Trotzdem konnte sie einen Blick auf den alten Schuppen werfen.

„Herr Ottermann ist noch
mit Pia drinnen“,
flüsterte Nele.
„Was er wohl
mit ihr vorhat?“
Sie schauderte.

Die Schuppentür ging auf und Nele duckte sich schnell hinter die Sträucher. Herr Ottermann kam heraus.
Mit schweren Schritten ging er durch den Garten und verschwand im Haus. Aus dem Schuppen hörte Nele empörtes Schnattern. Sie atmete auf. Pia war nichts passiert! Noch nicht.
„Wir müssen Pia da rausholen“, beschloss Nele. „Und zwar so schnell wie möglich.“ Sie sah Fiorella bittend an. „Kannst du sie nicht einfach aus dem Schuppen zaubern?“

„Selbst wenn ich es wollte,
es geht nicht“,
sagte Fiorella traurig.
„Mein Zauberstab ist kaputt.“

„So was Blödes!“ Nele dachte kurz nach. „Dann bleibt uns keine andere Wahl: Wir müssen Pia ohne Zauberei retten. Am besten sofort.“
So leise wie möglich öffnete Nele das Gartentor. Es war genauso verrostet wie der Zaun und quietschte vorwurfsvoll. Schnell schlüpfte Nele in den Garten. Zwischen blühenden Rhododendronbüschen, hohen Forsythien und wild wuchernden Brombeersträuchern schlich sie zum Schuppen.
„Du bleibst hier und passt auf“, flüsterte Nele Fiorella zu. „Wenn Herr Ottermann rauskommt, warnst du mich, okay?“
„Alles klar.“ Fiorella hatte vor Aufregung rote Wangen. Sie sauste auf das Schuppendach und ließ das Haus nicht aus den Augen.
Nele zog den schweren Riegel zurück und öffnete die Schuppentür. Drinnen war es dunkel. Staubkörner tanzten im Licht, das durch den Türspalt hereinfiel. Pia sah Nele ängstlich entgegen. Als sie ihre Freundin erkannte, begann sie aufgeregt mit den Flügeln zu schlagen.

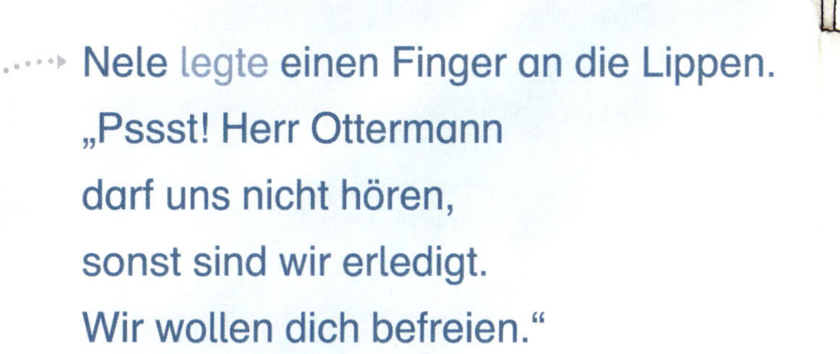

Nele legte einen Finger an die Lippen.
„Pssst! Herr Ottermann
darf uns nicht hören,
sonst sind wir erledigt.
Wir wollen dich befreien."

Die Gans legte fragend den Kopf schief. „Ich bin nicht allein“, erklärte Nele. Dann rief sie leise: „Fiorella! Komm mal schnell her.“ Sofort sauste die Fee herbei. „Das ist Fiorella“, sagte Nele. „Sie ist eine Flaschenfee. Wie wir uns kennengelernt haben, erzähle ich dir ein andermal. Lass uns jetzt lieber schnell verschwinden.“
Doch die Gans bewegte sich keinen Millimeter von der Stelle. Sie plusterte sich auf und stupste Nele auffordernd mit dem Schnabel an.
Nele sah Hilfe suchend zu Fiorella. „Ich glaube, Pia will erst zurückverwandelt werden. Wahrscheinlich hat sie Angst, als Gänsebraten zu enden. Was machen wir jetzt?“

Die kleine Fee überlegte.
Sie dachte so scharf nach,
dass grüne Wölkchen
aus ihren Ohren kamen.
„Ich hab's!",
rief sie schließlich.
„Feenstaub!
Das ist die Lösung!"

Siebtes Kapitel,

in dem es um Feenstaub und echte Freundschaft geht

Nele machte ein verdutztes Gesicht. „Feenstaub? Was ist denn das?"
„Staub mit magischen Kräften", erklärte Fiorella. „Leider ist er nicht so mächtig wie ein Zauberstab."
„Und was heißt das?", fragte Nele.
„Dass ich deine Hilfe brauche." Fiorella flog aufgeregt im halbdunklen Schuppen hin und her. „Wenn wir unsere Kräfte bündeln, haben wir vielleicht eine Chance."
„Ich soll dir helfen?", fragte Nele verblüfft. „Aber ich kann doch gar nicht zaubern!"
„Das musst du auch nicht." Fiorella griff in die Tasche ihres Kleides und zog eine Handvoll Staubkörner hervor. Sie glitzerten in allen Farben des Regenbogens. „Die Zauberei erledigt der Feenstaub. Aber es funktioniert nur, wenn du auch mitmachst."
„Wie denn?" Nele hatte keine Ahnung, wovon Fiorella redete.

„Du musst dir
mit aller Kraft wünschen,
dass Pia wieder verwandelt wird“,
erklärte Fiorella.
„Denk an eure Freundschaft
und all die schönen Dinge,
die ihr zusammen erlebt habt.“

Nele schloss die Augen und dachte an Pia. Leider fielen ihr keine besonders angenehmen Dinge ein. In letzter Zeit war Pia immer zickiger geworden. Andauernd hatte sie sich mit Babette und Theresa verabredet. Die drei hatten sich gegenseitig frisiert, geschminkt und alberne Modenschauen abgehalten. Nele wollten sie nicht dabeihaben. Und dann dieser blöde Streit gestern …

Nele öffnete die Augen wieder. „Es klappt nicht." Sie starrte Pia feindselig an. „Das wäre alles nicht passiert, wenn du gestern nicht gesagt hättest, dass Babette und Theresa deine neuen besten Freundinnen sind und du lieber mit ihnen Geburtstag feiern willst als mit mir."

Pia zischte ärgerlich und schnappte nach Neles Finger.

Fiorella seufzte.
„So wird das nichts.
Könnt ihr euch bitte
wieder beruhigen?
Dann versuchen wir es noch einmal.“

Nele verschränkte die Arme vor der Brust. „Wozu? Von mir aus kann sie gerne eine Gans bleiben."
„Denk nach, Nele!" Fiorella ließ sich auf dem Griff eines rostigen Spatens nieder, der an der Schuppenwand lehnte. „Es muss doch irgendetwas geben, was du an Pia magst."
Nele überlegte. „Hmmm … Sie kann ziemlich witzig sein, wenn sie will."
„Na also!" Fiorella lächelte. „Das ist doch schon mal ein Anfang. Was noch?"
Nele zögerte. „Sie ist sehr großzügig. Und sie hilft mir, wenn ich bei den Rechenaufgaben nicht weiterweiß." Langsam kam Nele richtig in Fahrt. „Früher haben wir immer Piraten gespielt, das hat Spaß gemacht. Einmal ist Pia in den Matsch gefallen. Sie war von oben bis unten voller Dreck, aber sie hat sich überhaupt nicht angestellt." Nele seufzte. „Wir haben schon viele tolle Sachen zusammen erlebt." Sie streckte die Hand aus und streichelte der Gans über die Federn. Pia hielt ganz still.

In diesem Moment
warf Fiorella
den Feenstaub in die Luft.
Er senkte sich funkelnd
über Nele und Pia,
während Fiorella
einen Zauberspruch murmelte.

Nele musste blinzeln.
Als sie die Augen wieder öffnete, war die Gans verschwunden. Stattdessen stand ein Mädchen mit blonden Locken neben ihr und sah verwundert an sich hinunter.
„Pia!“ Nele fiel ihrer Freundin um den Hals.
„Es hat tatsächlich geklappt“, murmelte Fiorella erleichtert.
„Ich hab wieder Hände! Und ganz normale Füße! Und ich kann sprechen!“ Pia führte mit Nele einen Freudentanz im Schuppen auf.
„Pst!“ Fiorella erstarrte. „Hört ihr das? Ich glaube, Herr Ottermann kommt zurück.“

Nele lauschte.
Tatsächlich!
Auf dem Gartenweg
näherten sich Schritte.

„Nichts wie weg!“, zischte Nele.
Sie griff nach Pias Hand und zog ihre Freundin aus dem Schuppen. Fiorella flatterte hinterher.
„He! Was soll das?“, rief Herr Ottermann ärgerlich. „Was habt ihr hier zu suchen?“
Nele und Pia rannten los. Herr Ottermann folgte ihnen, aber er war nicht schnell genug. Die Mädchen schlüpften durch das verrostete Gartentor und sausten den Weg entlang zu Neles Garten.
Nele warf noch einen Blick zurück. Herr Ottermann stand an seinem Zaun und drohte ihnen mit der Faust.

Schnell schlugen sie das Tor
hinter sich zu.
Sie waren gerettet!

„Nanu!“ Neles Mutter kniete immer noch im Rosenbeet. „Was ist denn mit euch los? Ihr rennt ja, als wäre der Teufel hinter euch her.“
„Wir … haben nur ein kleines Wettrennen gemacht“, behauptete Nele schnell.
„Genau“, sagte Pia. „Alles in Ordnung.“
„Deine Eltern suchen dich übrigens überall, Pia“, sagte Neles Mutter. „Sie scheinen ziemlich besorgt zu sein. Und deine Geburtstagsgäste sind längst gegangen.“
Sie stand auf, sammelte ihre Gartengeräte ein und verschwand im Haus.

Nele und Pia sahen sich an.
Peinliches Schweigen
breitete sich aus.

Schließlich holte Pia tief Luft. „Tut mir leid, dass wir uns gestritten haben. Willst du wieder meine beste Freundin sein?“
Nele zögerte. „Und was ist mit Babette und Theresa?“
„Ach, die sind gar nicht so toll.“ Pia starrte auf ihre Schuhe. „Ständig reden sie von Klamotten und davon, wie man am besten Model wird. Echt langweilig.“
Nele musste grinsen. „Okay.“ Sie streckte Pia die Hand hin. „Beste Freundinnen für immer?“
Pia nickte feierlich. „Und morgen spielen wir Piraten, ja?“
Als Pia gegangen war, blieb Nele noch einen Moment im Garten stehen. Sie sah zu Fiorella hinauf, die im Apfelbaum saß und sich aus einem Zweig einen neuen Zauberstab schnitzte.
Dabei dachte sie an alles, was heute passiert war: an die alte Flasche, an Fiorellas Feenstaub, sich selbst als Riesin und Pia als Gans.

Sie lächelte.
Und zum ersten Mal
an diesem Tag
war sie wunschlos glücklich.

© privat

Maja von Vogel,

geboren 1973, studierte Deutsch und Französisch. Sie verbrachte ein Jahr in Paris und arbeitete mehrere Jahre als Lektorin in einem Kinderbuchverlag, bevor sie sich als Autorin und Übersetzerin selbständig machte. Heute lebt Maja von Vogel in Göttingen.

© Carlsen Verlag

Franziska Harvey

wurde 1968 in Frankfurt am Main geboren. Sie studierte an der FH Wiesbaden mit dem Schwerpunkt Illustration und Kalligrafie und arbeitet heute als freiberufliche Illustratorin für verschiedene Verlage und Agenturen.

Liebe Eltern, liebe Lesepatinnen und -paten,

die Buchreihe **Zu zweit leichter lesen lernen** bietet Leseanfängern spannende Geschichten, die sie mit Ihrer Hilfe – zumindest teilweise – schon selbst bewältigen.
An Ihrer Seite merken die Kinder, dass sie schon ganz schön viel verstehend lesen können. Das macht ihnen Spaß und motiviert sie, zuversichtlich weiterzulernen.
Wenn Sie sich links neben das Kind setzen, kann das Buch einfach zwischen Ihnen und dem Kind liegen bleiben. Während Sie jeweils die linke Seite vorlesen, kann das Kind die Bilder betrachten und dann nach Ihnen die rechte Seite vorlesen.
So wird mit **Zu zweit leichter lesen lernen** eine ruhige Lesesituation geschaffen. Ihr Kind kann sich besser konzentrieren und das laut Vorgelesene auch besser verstehen.
Das Prinzip ist ganz einfach: Geübte Leser und Leseanfänger lesen einander vor. **Zu zweit leichter lesen lernen** – mit doppeltem Vergnügen!

Theo Kaufmann
Seminarschulrat
1. Vorsitzender des Vereins für Leseförderung e.V.
Mitglied im Bundesverband Leseförderung

2 3 4 5 12 11 10

Umschlag- und Innenillustrationen: Franziska Harvey
Umschlaggestaltung: init, Bielefeld
Lektorat: Ulrike Schuldes • Herstellung: Steffen Meier
Lithografie: Margit Dittes Media, Hamburg
Druck und Bindung: Gruppo Editoriale Zanardi, Italy
ISBN 978-3-551-65151-8
Printed in Italy
Alle Bücher im Internet unter www.carlsen.de

Wollt ihr noch mehr **Zu zweit leichter lesen lernen**?
Dann probiert's doch mal mit „Conni auf dem Reiterhof". In dieser spannenden Geschichte macht Conni zum ersten Mal alleine Ferien – und es werden die schönsten Ferien der Welt!

Conni greift ein

Heute hat Herr Behrens beim Ausritt vollgepackte Satteltaschen mit dabei. „Für unser Picknick", verrät er.
Conni zwinkert Liska und Anna fröhlich zu. „Dann wird es ja bestimmt ein extra langer Ausritt!"
Die drei Freundinnen reiten dicht beieinander. Hinter dem Wald folgen sie einem kleinen Flüsschen, das sich durch die Wiesen schlängelt.
Es ist schönstes Frühlingswetter.
„Genau das Richtige für einen Ausritt mit Picknick", denkt Conni.
Herr Behrens, der die Gruppe führt, biegt nun in einen breiten Sandweg ein.
„Wie wäre es mit einem kleinen Galopp?", fragt er. Natürlich erwartet er nicht ernsthaft eine Antwort darauf.
„Galopp – marsch", ruft er und galoppiert langsam an. Und Liska, Anna, Conni, Yvonne, Gesche, Jan und Lars galoppieren auf ihren Ponys hinterher.

Conni spürt
den Wind im Gesicht.
Es gibt doch nichts Schöneres
als ein Galopp im Freien.
Und auch Karlina
schnaubt vor Vergnügen.

Die Schrecken der Dachrinne

Robert wachte mitten in der Nacht auf. Es donnerte. Blitze zuckten über seinem Dachfenster. Der Regen prasselte auf die Scheibe.
Robert drehte sich um. Er zog die Bettdecke über den Kopf. Da krachte etwas. Robert saß sofort kerzengerade im Bett. Was war das gewesen? Ein Stück vom Schornstein? Oder blies der Sturm die Dachziegel vom Dach? Er sah nach draußen. In der schwarzen Nacht konnte er nichts erkennen. Aber er hörte Stimmen! Oder hatte er alles nur geträumt?
„Alle Mann nach achtern! Segel reffen! Reffen hab ich gerufen! Rafft ihr das nicht? Schneller, schneller, wir treiben ab!"
Der klitzekleine Piratenkapitän Johann van de Veilchen hatte alle Hände voll zu tun. Denn er und seine Mannschaft waren mitsamt ihrem Piratenschiff in diesen Sturm geraten.
Johann van de Veilchen war der kleinste Kapitän der sieben Weltmeere, aber er hatte die größte Klappe. Sein Schiff hieß „Feuerfloh" und war so lang und so breit wie eine Kokosnussschale. Auch van de Veilchens Mannschaft war klein:

Wollt ihr noch mehr **Zu zweit leichter lesen lernen**?
Dann probiert's doch mal mit den „Piraten vom Dach"! Drei verwegene Seeräuber landen mitten im Sturm auf Roberts Dach. Doch zum Glück sind sie so klitzeklein, dass sie niemandem etwas anhaben können …